AF189681

Für das Leben, erneut ... all'unisono

Mein Dank geht an die Macher von *1001fonts.com*, *fontsquirrel.com* und *dafont.com*, ohne die das Buch nicht hätte realisiert werden können.

Bisher erhältlich:

Ich LIEBE meinen Tumor (4. Mutation)
Ich LIEBE meinen Turmor (5. Mutation)
Chrysalis (Kurzgeschichten Band 1)
Fragmente (Kurzgeschichten Band 2)
WAHRHEIT

In Planung:

Ich LIEBE meinen Turmor (6. Mutation)
Raub (Kurzgeschichten Band 3)
Zeitgeist (Kurzgeschichten Band 4)
Wir EINEN (Kurzgeschichten Band 5)
Die ANDEREN (Kurzgeschichten Band 6)
WAHNSINN
WIRRWARR

Weitere Infos unter: *www.bod.de/buchshop*
                          guidovobig.com
                          www.ichliebemeinentumor.de

Guido Vobig

WAHRHEIT

Gedankenfischerei, Science-Poetry, Typoesie, Wortkunst

Bibliographische Information der Deutschen Nationalbibliothek:
Die Deutsche Nationalbibliothek verzeichnet diese Publikation in der Deutschen Nationalbibliografie; detaillierte bibliografische Daten sind im Internet über http://dnb.dnb.de abrufbar.

Herstellung und Verlag: BoD – Books on Demand, Norderstedt

ISBN 9783746015651

Leben.

Abertrilliarden ANDERE.

Wir EINEN, Milliarden.

In uns; unter ihnen.

Leben.

Individuen.

Abertrilliarden ANDERE.

Wir EINEN, ausgestorben.

In uns; nicht anwesend.

Individuen.

Energieräuber.

Abertrilliarden Fehlanzeigen.

Wir EINEN, massenweise.

Nirgendwo; überall zu finden.

Energieräuber.

Mensch zu sein, es bedeutet, auch ANDERS sein zu müssen. Nur **Mensch** zu sein, ohne *sie*, diese Idee, wie hielte man EINE derartige Existenz nur aus ? Transhuman, noch ehe das Humane gewesen wäre ? Transhuman zu werden, nicht mehr als EIN feuchter Traum EINER robusten **Gesellschaft**, welcher unablässig eingeimpft wird, eine Herde zu sein ? Obwohl eine Herde doch eine überschaubare **Gemeinschaft** ist. Wie können da Millionen EINE Gemeinschaft sein, wenn bereits der Nachbar als Feind betrachtet wird ? Und für schlaflose Nächte sorgt ?

t

Von Natur aus gilt: Nicht alles, was möglich ist, ist für das Leben auch notwendig.

Für uns Menschen gilt längst, mehr denn je: Alles, was für unsere Vorstellung von Leben notwendig scheint, muss um jeden PR€I$ ermöglicht werden.

Die 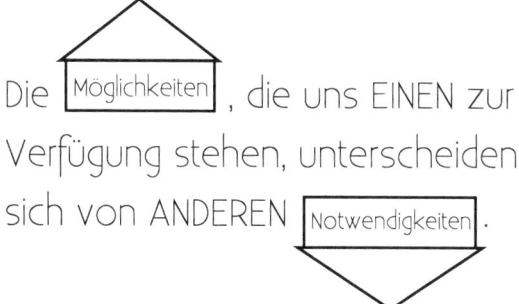 , die uns EINEN zur Verfügung stehen, unterscheiden sich von ANDEREN Notwendigkeiten .

S

Natürliches muss jederzeit
        vergehen können.

C

Künstliches soll möglichst
        lange bleiben.

Leben ist nur gemeinsam unsterblich,
ermöglicht durch die Sterblichkeit
aller Einzelnen.

Was geschieht mit EINER Spezies,
deren Einzelne mit allen möglichen
Mitteln am Leben festhalten?

Ohne Tod?
Ohne ist Leben EINE <u>MASCHINE</u> !

Oh, die LIEBE zum Leben,
es ist diese die nackte
Lebensfreude, die sich stets
mit der Todesgewahrsamkeit

p aa r t.

r

Leben ist Energie, die
gefunden hat,
für das es
sich lohnt
zu sterben.
Der Tod ist selbige
Energie, die vor Ort nicht länger
verweilen kann.

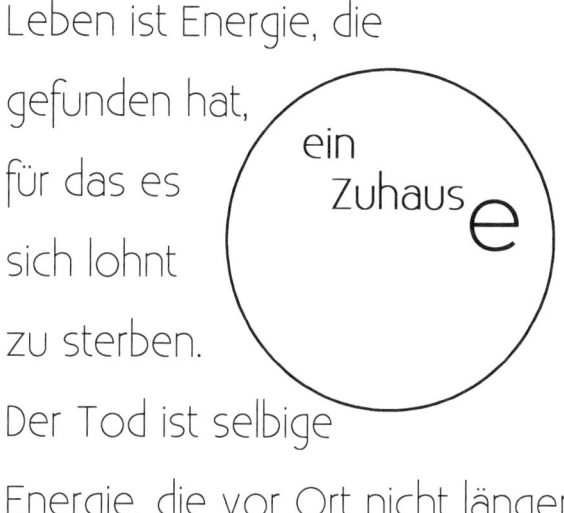

Steigt die natürliche
Lebenserwartung des Menschen ?
Oder wird unsere Existenz durch
künstliche Todesvermeidung,
über das natürliche Maß hinaus,
v e r l ä n g e r t.

Leben.

.—

Kurzfristige Angst mag,

weitsichtig betrachtet,

eine gute Strategie sein,

um zu überleben.

Aber *langfristig* EINER

Angst verfallen zu bleiben,

zeugt von **Kurzsichtigkeit**,

hinsichtlich der Möglichkeiten,

um Lebendigkeit zu bewahren.

t

 LEBEN ?

 ABSICHTSLOSE
 ZIELSTREBIG-
KEIT !

 e

JE MER VA1FACHUNGN

1 LE3N 3ESTIMM DESTO MER

KOENN A3SICHTN

ANDARA UE3A 1 LE3EN

VAFUEGN UND ES

3EHERRSCHN

DIE GROESSTE ALLA

VA1FACHUNGN LAUTET

ALLES IS 1S

DIE 1FACHE WAHEIT A3A LAUTET

ALLES IST 1ZIGATIG

n

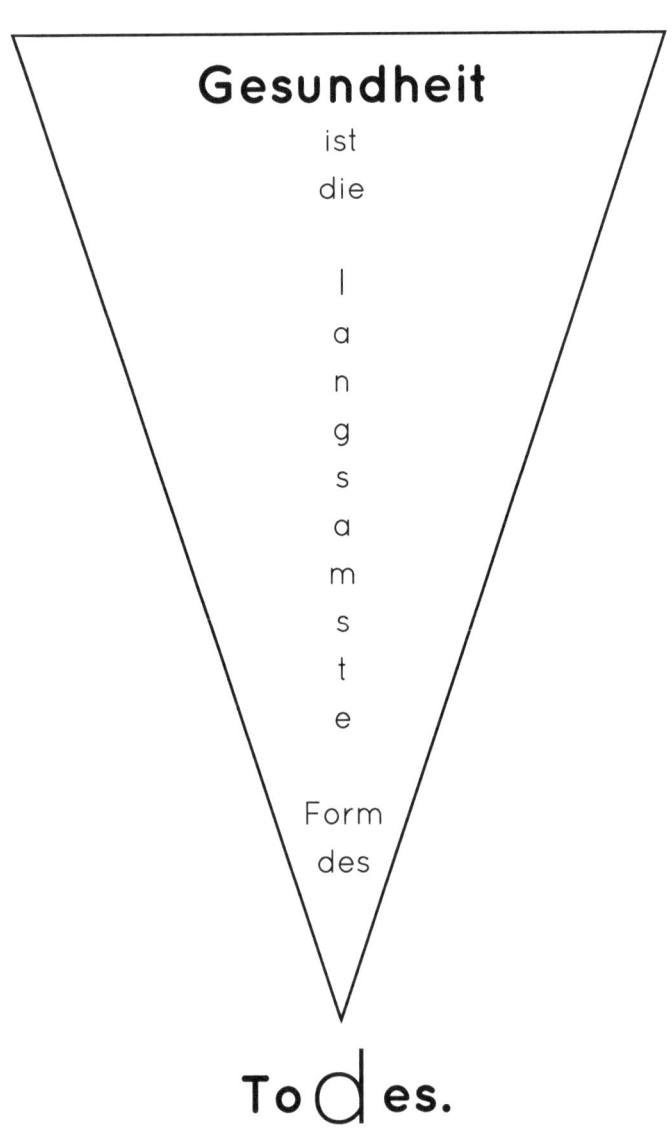

Gesundheit

ist

die

l
a
n
g
s
a
m
s
t
e

Form

des

Todes.

Unsere Kulturen verkommen zunehmend
zu EINEM vereinfachten Raum, in dem
permanente **Verfügbarkeit**
verschiedene Bedürfnisse kurzfristig
befriedigt, aber Probleme fördert.

Harmonie

Natur aber ist ein ANDERER Raum,
in dem zyklische **Unverfügbarkeit**
wesentliche Bedürftigkeiten in den
Vordergrund rückt und so langfristig
die Lebendigkeit des Lebens, lösungs-
orientiert, zu bewahren vermag.

HARMONIE

Wir EINEN, der wir der Spezies Mensch angehören, lieben es, die natürliche Verwobenheit im Rahmen technologischen Fortschreitens zu vereinfachen.
Zudem lieben wir den möglichst linearen Harmonieverlauf unserer Vorstellung EINES gelingenden Lebensentwurfes.

Gänzlich ANDERS hingegen sehen es die ANDEREN Lebewesen, die ihre LIEBE zum Leben stets einfach zum Ausdruck bringen und so der natürlichen Verwobenheit treu bleiben können, weil sie die zyklische Natur von HARMONIE verkörpern.

Wir EINEN gleichen Nächte und dunkle Jahreszeiten, zunehmend durch Kunstlicht, dem Tag und den hellen Jahreszeiten an, dergestalt EINE lineare Helligkeit stets verfügbar wissend.
Die ANDEREN vertrauen ihrem allgemeinen Vermögen, im Licht der Sonne, zu HARMONISIEREN. Sie lassen das lokale Vermögen sich erholen und anpassen, wenn Sonnenlicht vorübergehend nicht zugegen ist.

Die Folgen unsererseits?
Flächendeckende ENTHARMONISIERUNG, im Rahmen unserer Vereinfachungen, die einzig dazu dienen, unsere Vorstellungen und Erwartungen von Harmonie global zu verallgemeinern.

V

LEBEN DREHT SICH
NICHT ALLEINIG UM
DIE LINEARITÄT
EINES LEBENS,
SONDERN UM DIE
ZYKLEN DES LEBENS
AN SICH

Das **Einfache** zu finden,
es ist etwas ganz ANDERES
als sich, auf EINER Suche
nach **Vereinfachungen**, in der
Verallgemeinerung zu verlieren.

Je mehr Vereinfachungen
verallgemeinert werden,
desto mehr Komplexität
SCHEINT vorzuliegen.

Ganz einfach.

r

Es ist nicht die Zeit, die alle
Wunden heilt.
Es ist der Mut, die Wunden nicht
möglichst lange zu verbergen.

Je mehr EINER von anderswoher geraubte Energie benötigt, um die eigene linearisierte Harmonievorstellung zu erfüllen, desto mehr isolieren wir uns von ANDEREN und von uns EINEN, inklusive von uns selbst. Dergestalt erschaffen wir EINE dissoziative Existenz in ökonomischer Gefangenschaft und Angst.

SOLL DAS ALLES SEIN, WORAUF DAS MENSCHSEIN HINAUSLÄUFT?

Ist EIN Schein von Sicherheit und Vorausberechenbarkeit, nebst Kontrolle, es wert, die Lebendigkeit natürlicher Verwobenheit durch EIN Wirrwarr linearer, vereinfachter Verkettungen zu ersetzen?

i

Labormäuse sind Menschen
keineswegs,
warum aber
arbeiten wir
daran, nur
noch unter
Laborbedingungen
leben zu können

?????

Dass von Natur aus nur wenige Proteinstrukturen genutzt werden, obwohl unzählig weitere möglich wären, macht einfach Sinn, da Proteine im Grunde Antennen für das Licht der Sonne sind. Das Sonnenlicht gibt vor, welche der Strukturen notwendig sind, um HARMONIE zu ermöglichen beziehungsweise zu verkörpern und so Lebendigkeit zu bewahren. So, wie unser Alphabet aus EINER bestimmten Anzahl Buchstaben besteht, die auf unzählige Art und Weise kombiniert werden können, sind doch nur die Kombinationen Teil unserer Sprachen, in Form von Worten, die für EINE Verständigung nutzvoll sind — auch wenn es unzählige Kombinationen gibt, die zwar möglich sind, aber keinen Sinn ergeben.

Welchen Sinn macht es, Proteine herzustellen, für die seitens des Lebens keine Notwendigkeit besteht? Und welche Folgen ergeben sich daraus, wenn dem Körper die Lüge unterbreitet wird, dass das Mögliche zugleich auch notwendig ist? Welchen Sinn macht es, Worte zu bilden, die niemangteeo ethjuistsch fg hjt bbbbbxxklaq qi? Adoutz ffgghh q o nfgschie k k lapo schusch.

r

Kontextverlust.

Verleugnete HARMONIE.

Monotonie in Aufruhr.

Die Gene, verstimmte Saiten.

Klang.

Kohärenz.

Gemeinsames Einstimmen.

Einklang im Vielklang.

Der Widerpart von Geist.

Fülle.

Komplexität.

EIN Solo.

EIN Nimmersatt, laut.

EIN Echo, es hallt.

Rauschen.

Was würde mit dem Leben geschehen,

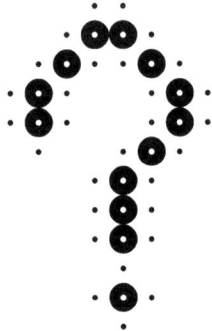

wenn Natur

immer mehr Mensch werden würde

Natur begeht immer viele
Pfade, um Kohärenz
zu bewahren.
Mensch
begeht mehr und
mehr EINEN Weg, der
einzig Dekohärenz
zur Folge hat.
Natur
nutzt Dekohärenz,
um neue Pfade zu begehen.
Für uns geradewegs EIN
Teufelskreis.
Für ANDERE der einzig
WAHRE Kreislauf des
Lebens.

d

Unsere ruhelosen Möglichkeiten
der Dekohärenzerzeugung
nehmen immer schneller zu,
während der Körper mit der
Notwendigkeit für Kohärenzbildung
nicht nachkommen kann,
weil wir ihm immer weniger Zeit
und Freiraum gewähren,
schließlich gilt es doch,
weitere Möglichkeiten von Dekohärenz
geistreich zu ersinnen,
während . . .

r

Je mehr Vorgeschichten, die in einem Punkt zusammenkommen, EINEM Beobachter nicht bekannt sind, desto überzeugender erscheint der Punkt als Zufall.

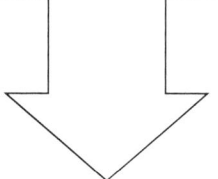

EINE folgenschwere Erfindung menschlichen Geistes,
es ist der
Zufall

.

Wir verwechseln ständig das

Einfache mit dem **Vereinfachten**

und müllen so die Welt mit immer

mehr Komplexität und Zufällen zu.

EINE Vereinfachung mit Folgen:

$$1 + 1 = 2 \qquad 1 - 1 = 0$$

Doch oh weh, *pssst*, es gibt nicht zwei exakt Gleiches, weil nichts zur selben Zeit den exakt gleichen Platz einnehmen kann.

Stattdessen entzweit man EINES vom ANDEREN und macht daraus zwei Gleiches. Fügt man dann beides Gleiche wieder zusammen, so ist es die Addition von EINEM und noch EINEM, ohne sich zu fragen, was denn mit dem ANDEREN geschehen ist – und mit dem, was ursprünglich das EINE mit dem ANDEREN verbunden hielt. Das Ergebnis: Die Liebe zu den Zahlen bezahlt EINER mit dem Verlust der LIEBE zum Leben.

M

DIEQUADRAT
URNATUERLI
CHERKREISL
AEUFERUECK
TOENMENSCH
ENAUSDEMMI
TTELPUNKTD
ESMENSCHSE
INSHERAUS□

WAHRHEIT ist nicht die
Summe aller Wahrheiten.

WAHRHEIT ist der Kontext,
in dem alle Wahrheiten EINANDER
begegnen können.
n

In Gefangenschaft wird die
Notwendigkeit zu
HARMONISIEREN,
zum Zwecke der
Bewahrung von Lebendigkeit,
durch die Tren nung von der
natürlichen Verwobenheit,
einzig auf das eigene
Überleben reduziert.

Gefangen in EINER Ideologie,
wird auch der Mensch zur
Bestie, wie Tiere hinter █████ n,
die wider ihrer Natur sich
mitunter verhalten, um zu über-
leben.

S

Würde ich Dir gegenüber erblinden,

bliebest Du mir der Klang,

den zu hören ich vermag.

C

h

Das Leben ist ein wundersamer Zauber voller Doppeldeutigkeiten, die eindeutig ohne doppelten Boden sind.

Kohärenz:

HARMONISIERUNG

lokaler Energieangebote, im Kontext

des globalen Energiebedarfs.

Energieraub:

dauerhafte Erfüllung

lokalen Energiebedarfs, auf Kosten

des globalen Energieangebots.

Zyklische Vorgänge zu
vereinfachen, führt
zwangsläufig zu Theorien, die
mit viel Geraschel und
Energieaufwand im Blätterwald
verteidigt werden müssen,
um der Masse glaubhaft zu
machen: Trotz Winter
tragen die Bäume noch immer
ihre Blätter, woher das
Geraschel rührt.

Immer mehr Menschen werden welt-weit immer **dicker**, weil es ihnen an Energie mangelt, die im Einklang mit der natürlichen Verwobenheit des Lebens ist.

Unsere Teleskope werden hingegen immer **GRÖSSER**, weil wir immer schwächere Signale empfan-gen wollen.

Werden Menschen **dicker**, weil immer weniger natürliche Signale zu ihnen durchdringen können?

DER EINSAMSTE

ORT DER WELT IST

DIE

WAHRHE E

I

b

Jede

jede

    hat EINEN Ur-
sprung.
    EINEN, nicht
    natürlichen Ur-
sprungs.

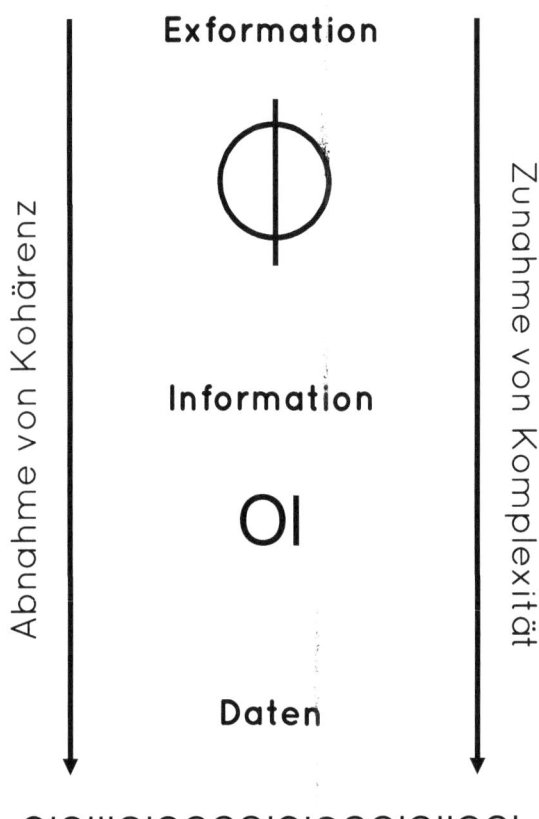

OIOIIIOIOOOOIOIOOOIOIIOOI

n

Die vererbte Wirklichkeit verhält sich zur ein-
geimpften Realität wie das Terrain zur Karte,
wie die LIEBE zur Liebe, die HARMONIE zur
Harmonie, die Bedüftigkeit zum Bedürfnis, wie
das Leben als Ganzes zum Menschsein und
wie abgegriffene Bücher mit Spuren, Notizen
und Eselsohren zum flachen E-Book, das
Tausende von Dateien gleichen Formats in
sich trägt.

Es glaubt der Mensch, das Leben sei komplex verstrickt, doch sieht er vor lauter Verstrickung nicht: Das Leben, es ist ganz einfach verwoben.

i

Freiheit!
Verbales Glatteis.
Roter Faden, Vergangenheit.
EINE Blutspur im Ozean.
Gesellschaftsnarkose.

Freiheit.
Mediales Wortspiel.
Politik, Impasto, Gegenwart.
Hände waschen im Meer.
Gesellschaftsspiel.

Freiheit?
Robuste Erscheinung.
Verschwunden, der Horizont.
Wasser bis zum Halse.
Gemeinschaftsverlust.

g

Der Verlauf der Geschichte wird, aus der jeweiligen Gegenwart heraus, mit immer mehr Daten angefüllt, was zu immer mehr und immer komplexeren Lügengeschichten führt. ANDERE leben immerzu einzig im Hier und Jetzt, da die HARMONISIERENDE Gemeinschaft des Lebens Exformation mit Informationen gleichsetzt und keinerlei Daten bedarf, weshalb sie am längst Vergangenen nicht ewig festzuhalten versuchen. Von Natur aus verbleiben keinerlei Gräber, an die erinnert werden muss ... daher *Cradle-to-Cradle* anstelle von *Cradle-to-Grave*.

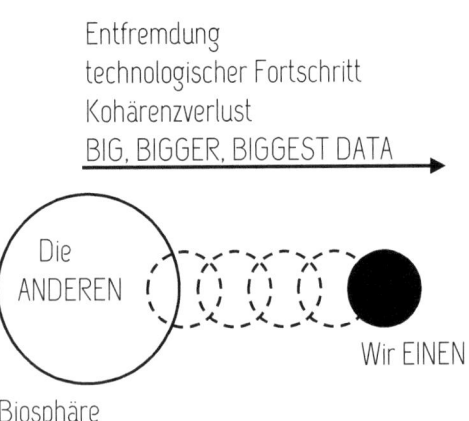

Gehen Exformation und Information auseinander, verlieren sich Vertrauen und wesentliche Gefühle in der scheinbaren Zunahme von Komplexität. Je verwurzelter Informationen in der Exformation sind, desto mehr Energie bedarf es, um daraus entwurzelte Daten werden zu lassen. Komplexität ist Ausdruck dieser Entwurzelung und beschreibt damit EINE Geschichte, die nicht vom Leben als Ganzes geteilt wird. Komplexität ist die Geschichte der Menschheit, die vom Ausmaß der Vereinfachungen und deren Verallgemeinerung schwärmt.

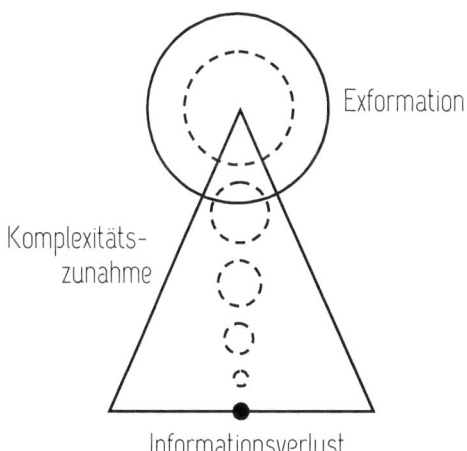

Es lebe das
Leben in der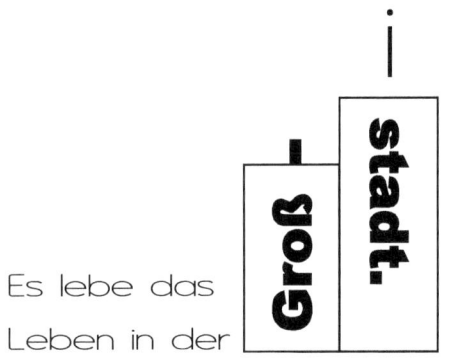

Nirgendwo ist die
Freiheit größer.

Die Freiheit, sich selbst zu
belügen.

Sie sagen, nicht zum ersten Mal,

es wäre EIN Angriff auf die Menschlichkeit.

Sie sagen, es wäre hinterhältig und feige.

Sie sagen, deren Ziel sei unsere

      demokratische Kultur.

Sie sagen, man wird die Täter jagen,

ihre Netzwerke zerstören.

Sie sagen, wir sind längst im Krieg.

Gegen verblendete Ideologien, sagen sie.

Sie sagen, wir müssen uns schützen.

Sie sagen, sie wissen auch wie.

MAUERN
MAUERN
MAUERN
MAUERN
MAUERN
MAUERN
MAUERN
MAUERN
JE HÖHER MAUERN
ERRICHTET WERDEN,
DESTO TIEFER WERDEN DIE
MAUERN
MAUERN
MAUERN
MAUERN
MAUERN
MAUERN
MAUERN
MAUERN
MAUERN

UNTERGRABEN.

Vor Ort gegenwärtig sein?

Es ist nur EIN Schein,

denn kaum EINER will,

mit seinen Sinnen allein,

jetzt, hier anwesend sein.

Zugleich aber soll, das Leben

vor Ort, sinnlos nicht sein.

Sein oder nicht sein?

Es schweigt der Schädel.

F

O

In was für EINER Gesellschaft würden
wir leben, unterdrückten wir nicht
alle Symptome, die uns erst für
EINE Gesellschaft tauglich
erscheinen lassen?

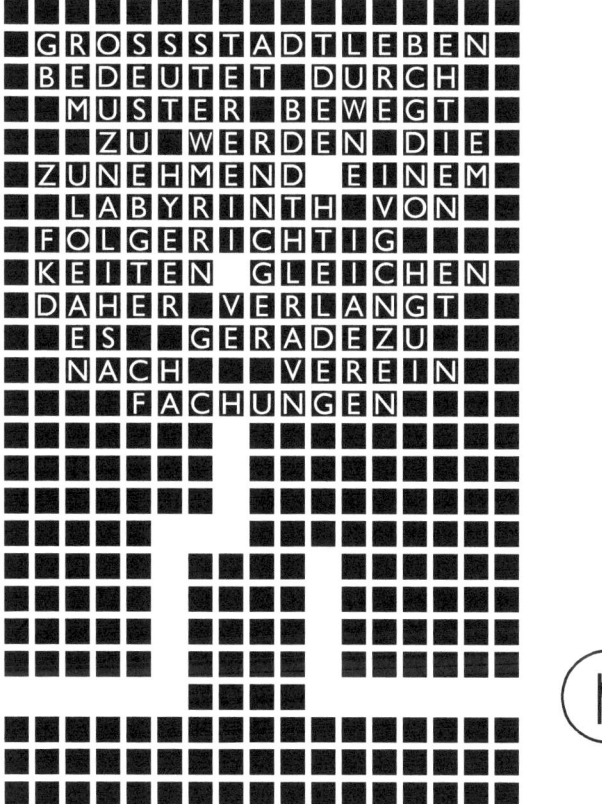

GROSSSTADTLEBEN
BEDEUTET DURCH
MUSTER BEWEGT
ZU WERDEN DIE
ZUNEHMEND EINEM
LABYRINTH VON
FOLGERICHTIG
KEITEN GLEICHEN
DAHER VERLANGT
ES GERADEZU
NACH VEREIN
FACHUNGEN

r

STÄDTE SIND STRUKTURFILTER EINER BLUTWÄSCHE, DIE, JE GRÖßER SIE SIND, UMSO EFFEKTIVER ARBEITEN, UM ALL DAS HERAUSZUWASCHEN, WAS EINEM VON NATUR AUS, IN FORM VON VERWOBENHEIT, IM BLUT LIEGT.

INDIVIDUUM

UNTRENNBAR,
UNTEILBAR
VOM WESEN
DES LEBENS;
VON DER
HARMONIE,
VON DER LIEBE
ZUM LEBEN;
MIT EIGENER
STIMME STETS
UNTERWEGS;
BEREIT, DEN
KONSEQUENZEN
DER INDIVIDUALITÄT
ZU BEGEGNEN. S

C

Es läuft das sechste Artensterben. Es betrifft die antifragilen Individuen, allen ANDEREN voran die menschlichen. Es degradiert sich der Mensch mehr und mehr zu EINER fragilen Masse. Es tönt sehr traurig und klingt doch WAHR. Es liebt der Mensch verstärkt die Sicht auf das eigene Leben und verweigert sich der LIEBE zum Leben.

Schwarm-Intelligenz ist der gesellschafts-konforme Zuschnitt EINER Masse, die EINE Musterhaftanstalt namens Metropole be-wohnt. Regierungen fördern EINEN solchen Wohn-raum, weil die Ministerien für Mus-tergültigkeit ihren Möglichkeiten wegen ins Schwärmen geraten.

h

Grundlage eines Schwarms ist strukturloser Raum zur Auslebung mannigfaltiger Individualität.

Strukturmonopole lassen Bewegungsmuster deutlich werden und zerstören das Individuelle.

r

Wenn das Leben anstrebt Wald zu wer-
den und Menschen anstreben Teil EINER
Metropole zu sein, dann verwundert nicht,
dass Menschen beim Aufenthalt in den
Wäldern ihre Entzweiung vorübergehend
ablegen können.

e

Vegan mir stirbt kein einziges Tier !

Vegan dir sterben kleine Lebewesen

weltweit zuhauf – nur nimmst du

deren Augenblicke nicht wahr !

i

TECHNISIERUNG BEDINGT
ANEIGNUNG VON WELT,
WORAUS DIE
UMWANDLUNG IN
DATENSÄTZE
ERFOLGT. WAS AUF
DER STRECKE BLEIBT,
IST KONTEXT. WAS
t VERKÜMMERT, IST
DAS GEFÜHL
FÜR KOHÄRENZ. WAS
ENTSTEHT, IST
UNSICHERHEIT. UNTER
SOLCHEN UMSTÄNDEN
WIRD DAS VERLANGEN
NACH WEITERER
TECHNISIERUNG
WEITER ANGEFEUERT.

Die globale Enttraumatisierung

EINER Spezies

bedeutet die Entgötterung der Welt,

egal in welch himmlischem, weißem oder

technischem Gewande

die Götter respektive Geister

in Erscheinung treten.

Robust erscheinend und immer fragiler werdend – das ist der Mensch im 21. Jahrhundert.

roboter erscheinen und fragen immer öfter: mensch, wie fühlst du dich, im 21. jahrhundert?

n

Das beste Versteck

ist und bleibt die

Offensichtlichkeit.

d

Geraubte Energie.

Outsourcing von Problemen.

Unterwegs auf EINEM Irrweg.

Kostenexplosion.

Sauberes Brutto.

Dreckige Rechnung, netto.

Der wahre Schuldige flüchtig.

Bilanzfälschung.

Endless wireless.

Die Symptome entzweit.

Aufgeladen und wieder bereit.

Wirklichkeitsverlust.

Ökostrom ist EIN schwarzer Schimmel, der als eine Laune der Natur verkauft wird.

Ökostrom ist in der Natur derart gegenwärtig wie Jungfrauen von Natur aus für den Erhalt des Lebens notwendig sind.

Ö – K.o.

V

e

ANDERS, als der stets
        verfügbare Strom aus
EINER Steckdose, getaktet mit
        50 respektive 60 künstlichen
Herzen, steht das Leben im
            Zyklus von knapp 8 Herzen
            natürlich unter
            Strom.

Die Vergangenheit

r

Der größte Energievorrat der Menschen?

Eigenschaften der ANDEREN:

1) Kein Energieraub

2) Realisierung von Kohärenz durch Rekohärenz

3) zyklische Ermöglichung von 1) und 2) durch Diversität individueller Lebensformen

4) loslassen können.

Eigenschaften von uns EINEN:

A) Energie rauben

B) Dekohärenz verbreiten, Rekohärenz hindern

C) kopierbare Eintönigkeit mit gleichen Eigenschaften verbreiten, A) und B) weiter anfeuernd

D) festhalten wollen.

Beschränkt man das Leben auf das Einfache, auf das Wesentliche, ohne die Poesie der Lebendigkeit (1-4) zu zerstören und ohne künstlich gereimten Ungereimtheiten kohärenzlos auf den Entfremdungsleim zu gehen, offenbart sich eben diese lebensfeindliche Tendenz menschlichen Geistes (A-D), sich feuerwandelnd das Terrain der Welt aneignend und EINE Karte qualmender Ödnis hinterlassend.

Technologischer Fortschritt

ist, im Grunde seiner

Mechanismen und

Prozessoren, nur

die beschleunigte

Verlangsamung der

Wahrnehmung von

Konsequenzen, die

der Fortschritt

mit sich

bringt.

i

Smart — es bedeutet :

listig ;

verschlagen ;

EIN Schein von Klugheit, der nicht
mit offenen Karten spielt.

Ist es klug, zu verlernen, was
Maschinen von uns lernen?
Ist es klug, eigenes Vermögen in
Hände zu legen, die unter Hand-
werk den Verlust von
Informationen verstehen, der
durch Datenlast ersetzt wird?

Die Devolution der
Menschen ist der
        Katalysator für die
Evolution des Lebens.

        Smarte Maschinen,
die lachenden Dritten?
Oder EIN Hilfsmittel,
        um uns selbst
                in den Hintern
zu beißen, als moderne
Variante des Absägens
                EINES Astes?

r

Das Leben ist endlich.

Der Tod indes ist wahrscheinlicher als das Leben, weshalb jedwedes Leben endlich ist und Leben, erst einmal lebendig, endlich ist – und endlich das sein kann, was es von Natur aus ist: Vermögend an Lebenssehnsucht und bereit zu sterben, wenn das Vermögen erschöpft ist.

Menschliches Vermögen, es dekonzentriert sich zunehmend auf unsere Technologien. Sirenenhaft flüstern sie uns in ohnehin schon taube Ohren:

Unendlich ist das Leben und der Tod endlich besiegbar.

Nur von der Lüge, davon erwähnen sie nichts.

WIR
SIND
BALD
ALLE

VONEINANDER
GETRENNT
DURCH
IMMER
MEHR

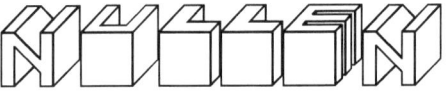

n

Woran mangelt es der

künstlichen intelligenz?

An natürlicher Langeeeeeeeweileeeeeee!

MASCHINEN MÜSSEN NICHT UNSERE
SPRACHEN SPRECHEN. ES GENÜGT,

- DASS
- SICH
- UNSERE
- KOMMUNIKATION
- AN
- DIE
- MÖGLICHKEITEN
- DER
- MASCHINEN
- ANPASSEN.

Shuffle   Refresh   Exit

M

Beflügelt,
um EINE Gigamaschinerie zu demontieren,
mit einem Erfindungsreichtum,
der Flächenbrände und Brandherde
gleichsam problemlos,
zu löschen vermag.

„Beschränke alles auf das Wesentliche,

aber entferne nicht die Poesie."

Richard R. Powell

a

Wie mag sie aussehen – EINE ANDERE Welt?
Gemeinsames Vergessen von Schwarzmalerei.
Gewahrwerdung von klangvoller Stille.
Harmonie und HARMONIE vereint.
Liebe und LIEBE sich begegnend.
Das Leben lebenswert, für alle Lebewesen.
Entraumatisiert und endlich geheilt.

„Reinventing the Sacred"

N. Scott Momaday

Tumorzellen sind unsterblich verliebt in das Leben, weshalb LIEßE das einzige Heilmittel ist, um ihnen zu verstehen zu geben, dass sie sterblich sind.

ANDERE schreiben die kleinen Dinge groß, während wir EINEN das Wesentliche kleinkriegen.

C

Krebszellen gehen aus einem Zuviel an Energie hervor, die nicht in den Kontext der bereits bestehenden Zellkohärenz eines Körpers passt und daher diese Kohärenz am Einwirkort zerstört, z. B. durch radioaktive Strahlung, aber auch durch Mutationen im bisher kohärenten Zellverband, die eventuell einen veränderten Energiehaushalt von Zellen zur Folge haben.

Krebszellen wachsen, wenn der Zerstörung nicht weitere Kohärenz hinzugefügt werden kann, um das, den Krebs umgebende, noch kohärente Gewebe zu schützen. Ansonsten frisst sich die Dekohärenz weiter durch das Gewebe. Ergo, durch die Zufuhr von Kohärenz sterben Krebszellen bzw. werden diese verunmöglicht.

Zugleich weist Krebs auf den Mangel an Kohärenz hin und ist somit ein für den Körper notwendiges Symptom, um sich mit einem derartigen Ungleichgewicht von Energie auseinanderzusetzen und dieses, so weit möglich, wieder auszugleichen.

Das Problem maligner Tumore, aus Sicht EINES Betroffenen, ist, dass das Leben Energiehaushalt, Wachstum und Entartung ganz ANDERS angeht und entsprechend umsetzt. Daher mag EINE medizinische Therapie für den Einzelnen die Rettung bedeuten, aus Sicht der Spezies aber ist es immer deren Schwächung, solange der eigentliche Grund für das Zuviel an Dekohärenz im Umfeld von Zelle bzw. Körper bestehen bleibt. Gleiches gilt für den Grund der Erschöpfung des Kohärenvermögens, bedingt durch die Umwelt.

h

Unsere Technologien werden
        indirekt immer abhängiger
        vom Licht der Sonne,
        während wir uns mehr
        und mehr direkt
        vom Sonnenlicht
        isolieren.

OLEDS

[O] kkupierendes
[L] ebens
[E] nergie
[D] efizit
[S] yndrom

OLEDS. Das O steht offiziell für <u>Organisch</u>, wodurch OLEDS sich zu wirren Begriffen wie Ökostrom, Biosprit und Clouds gesellen, wird diese innovative Form der Beleuchtung doch als Beinahesonnenlicht beworben, gänzlich befreit von UV- und Infrarot-Anteilen. Gerade diese Anteile sind aber, in ihrer zyklischen Variation, lebensnotwendig, insbesondere durch ihre nächtliche Abwesenheit, damit dann all jene Zellreparaturen ermöglicht werden, die erst durch die Aufnahme von Sonnenlicht am Tage ihr gesamtes HARMONISIERENDES Potenzial erreichen können. Dumm nur, dass, durch die vielseitigen Anwendungsmöglichkeiten der OLEDS, deren Licht uns in naher Zukunft überall und jederzeit begleiten wird, schließlich ist unsere Technologie schon <u>smart</u> genug, um uns unsere Beleuchtungsvorlieben von den Augen abzulesen. Augen, die umso verbreiteter von Brillen und Kontaktlinsen bedeckt sind, je <u>weniger</u> wir unsere Beziehung zum Sonnenlicht pflegen. So wird uns künstliches Licht so selbstverständlich (er)scheinen wie das Sonnenlicht. Allerdings nicht nur am Tage drinnen, sondern vor allem in der Nacht draußen <u>und</u> drinnen. Beleuchtete Nächte für EINE technologisch verstrahlte, äh, erleuchtete Gesellschaft von Fortgeschrittenen, denen die Dunkelheit zum Schreckensbild wird. Hauptsache, das Schwarz auf dem Bildschirm ist so <u>richtig</u>

Die LIEBE kann loslassen,
Liebe will festhalten.

HARMONIE ist das Zusammenspiel
aller LIEBENDEN,
Harmonie das Zusammenhalten
sich Liebender.

Sonnenlicht.

Volles Spektrum.

Exformiert, Infrarot, UV.

Anschein, der lebenswert ist.

Bedingungslos.

Wasser.

Exclusion zones.

Zellen ohne Gitterstäbe.

Getrennt, um zu vereinen.

Grundbedingung.

Erdmagnetfeld.

Flowing energy.

Negativ ist positiv.

Ohne Schuhe tags unterwegs.

Absichtslos.

Damit das **bedingungslose Grundeinkommen** der bedingungslosen Grundbedingung allen Lebens näherkommen kann, muss **GELD**, in welcher Form auch immer, unbedingt immer weniger die Grundlage des Einkommens bilden, indem das Auskommen vor Ort durch HARMONISIERUNG mit dem bestehenden Einkommen vor Ort gleichziehen kann. Nur so kann **GELD**, im Speziellen, und **Energieraub**, im Allgemeinen, bedingungslos aus dem Leben weichen. Solange **GELD**, als akzeptiertes Medium des **Energieraubes**, das **Grundeinkommen** (dar)stellt, kann von Bedingungslosigkeit keinerlei Rede sein und keine bedingungslose Lösung gelingen, egal wie vielen Menschen dieses **Grundeinkommen** zur Verfügung gestellt wird.

In dem Maße, wie der **Energieraub** weicht bzw. verunmöglicht wird, erblüht **EINE ANDERE** Welt, deren Früchte bedingungslos auf das Leben verteilt werden. Nur **A N D E R S**, als es bisher all den **ANDEREN** möglich war und wir **EINEN** uns vorstellen konnten. **A N D E R S**, aber immer aus LIEBE zum Leben.

d

Fakten sind Fakt!

F...ed ist

alles ANDERE!

a

DAS WESEN DES KLIMAS IST DER WANDEL.

S

Keine Sprache spricht sich selbst.
Kein Objekt kann für sich allein Objekt sein.
Alles ist, was es ist, durch die Beziehungen zu anderen
Objekten.
Das Objekt, das ich nicht sehe, ist ein Objekt, aber nicht
das, welches ich sehen würde, betrachtete ich es.

Bewusstsein, die Beziehung von Objekten zueinander?
Verändert Energieraub natürliche Beziehungsverhält-
nisse – und damit die Beziehungen des Menschen?
EIN Körper, wie Deiner und meiner, ein Objekt?
Bewusstsein, die Dunkle Energie, die sich auf Dunkle
Materie bezieht?
Gehen Energieraub und Schwarzsehen Hand in Hand?

Bewusstsein – überall?
Bewusstseinswandel – dem Feuerwandeln geschuldet?

STOP CLIMATE CHANGE ?

G

START HUMAN CHANGE !

Diabetiker sind vom modernen Lebensstil ßetroffene, die vergeblich alljährlich auf ihre Winterruhe warten.

Wo saisonale Dunkelheit, Kälte und Zuckermangel natürlich sind, aber künstlich mit geschäftigen Füßen getreten werden, reagiert der Körper mit entsprechenden Symptomen.

Diabetes, die natürliche Anpassung an künstliche Verhältnisse?

Entstehen dauerhafte Probleme, wo künstliche Anpassung an natürliche Verhältnisse vordergründig ist?

e

Waldeinsamkeitsgrün

Novemberhimmelanthrazit

Tiefseeverlorenheitsblau

Plasmaströmungsgelb

Farbamnesieschwarz

Photosynthetisches Sonnenbunt

Ehemalsschneeweißnungrau

Sternenkonzentratsilber

Weltenbrandorange

Datenbrillendisplayrosa

Sonnencremevermeidungsbraun

Fremdblutrot

f

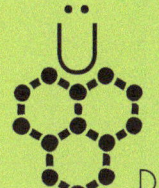 Den Pflanzen künstliche
Photosynthese aufzudrängen,
einzig zum Zwecke menschlichen
Optimierungswahns,
bedeutet, natürliche Konsequenzen
aushalten zu müssen, anstatt die
Konsequenzen gleichfalls künstlich
zu verleugnen — dem Wahn erlegen.

IN VIVO spricht eine Sprache,
die IN VITRO nicht
verstehen will.

Ex virus omnis.

EIN Etikettenschwindel

Die WAHRHEIT altert nicht. Sie schmeckt nur umso bitterer, je länger man sie als UNWAHRHEIT reifen lässt und meint, sie sei EIN wahrhaft ehrlicher Tropfen, wenn man sie schließlich der Allgemeinheit einschenkt.

DER FORTSCHRITT DER GEGENWART BESTIMMT ÜBER DEN VERLAUF DER VERGANGENHEIT.

JE FORTGESCHRITTENER,
DESTO MEHR UNWAHRHEITEN,
AUF DENEN DIE ZUKUNFT
AUFBAUT.

Bei Legenden kommt es nur SEKUNDÄR auf den Inhalt an. PRIMÄR geht es um die Umstände, die Legenden notwendig erachten lassen.

Der Inhalt schiebt nur die Legende an den herrschenden Zeitgeistern vorbei, um so den wahren Umständen näherkommen zu können.

f

Je tiefer Musik über zwei tonale Schichten
hinausgeht, desto ergreifender vermag
das Gesamtwerk zu erklingen.

Ein wirkliches Empfinden für Musik verkörpert
jener Musiker, der sämtliche Schichten auf zwei
Klanggefilde zu reduzieren versteht – ohne dabei
der tiefgreifenden Magie des Gesamtwerkes
verlustig zu gehen.

Das Leben schwärmt aus.

Individuen, die alle die gleiche LIEBE zum

Leben verkörpern — ohne gleich zu sein.

r

die WAHRHEIT.